中华中医昆仑

强巴赤列学术评传

张镜源◎主编

中国盲文出版社

图书在版编目（CIP）数据

强巴赤列学术评传（大字版）/ 张镜源主编. —北京：中国盲文出版社，2015.12

（中华中医昆仑）

ISBN 978-7-5002-6844-4

Ⅰ. ①强…　Ⅱ. ①张…　Ⅲ. ①强巴赤列（1929～2011）—评传　Ⅳ. ①K826.2

中国版本图书馆 CIP 数据核字（2015）第 308981 号

强巴赤列学术评传

主　　编：张镜源
责任编辑：计　悦
出版发行：中国盲文出版社
社　　址：北京市西城区太平街甲 6 号
邮政编码：100050
印　　刷：北京华联印刷有限公司
经　　销：新华书店
开　　本：700×1000　1/16
字　　数：42 千字
印　　张：6.5
版　　次：2015 年 12 月第 1 版　2015 年 12 月第 1 次印刷
书　　号：ISBN 978-7-5002-6844-4/K·449
定　　价：12.00 元
销售服务热线：（010）83190297　83190289　83190292

丛书编委会

前　言

中医药是中华民族的伟大创造，是世界医学宝库中的夺目瑰宝，数千年来为中华民族的繁衍昌盛作出了巨大的不可磨灭的贡献，至今仍是中国医药卫生事业不可分割的重要组成部分，在维护民族体魄康健、促进经济社会发展中发挥着不可替代的作用。

中医药学，是中华传统文化和科技文明的结晶，是勤劳聪慧的中华儿女在几千年生产生活实践中，在与疾病作斗争的过程中，创造的独具特色的医学科学体系。它有着浓郁的民族特色、深厚的文化底蕴和丰富的哲学内涵。经过一代又一代中医药传人、一辈又一辈名医大家的实践探索、薪火传承、总结完善、创新发展，逐步形成了系统的理论体系、独特的诊疗方法、丰富的医学内容、实用的制药技术。具有疗效确切、用药安全、应诊灵活、普适简廉和预防保健作用显著的巨大优势，在世界医学之林独树一帜，为人类的文明进步与医疗保健事业，已经并正在作出积极的贡献。

为了弘扬中华民族传统文化，彰显中医药学家的丰功伟绩，当代中医药发展研究中心与中国文学艺术界联合会、国家中医药管理局新闻办公室、中华中医药学会、中国中医科学院、北京中医药大学、世界中医药学会联合会等精诚合作，在国家中医药管理局的支持和指导下，为中华近现代百年来贡献卓著、深受敬仰的150位中医药学家，编撰出版了这部大型传记丛书。丛书采用评传体裁，记载他们的生平事迹、医术专长、学术思想、传承教育、医风医德、养生之道和突出贡献，使这些宝贵的医学成就和精神财富发扬光大，千古流芳。

从书取名《中华中医昆仑》。昆仑山，被尊为“万山之祖”，柱西北而瞰东南，立中国而凭世界，凌驾乾坤，巍然屹立。以其高峻豪迈、绵延起伏的磅礴气势，寓意中华中医药学历史悠久、博大精深和永不衰竭；以其挺拔雄伟、高耸入云的恢弘气魄，彪炳一代中医药学家的丰功伟绩、杰出贡献和不朽勋业。

从书入选传主，从全国范围推荐遴选，遍及中医药界各个领域。有临床家、理论家、药学家、教育家、医史文献学家；有名师亲授、世医家教、学派传人、院校毕业和自学成才者；有师徒并驾、父子齐名和伉俪联袂者。他们学术造诣深厚、诊疗技术精湛、临床经验丰富、学科地位崇高、科研成果丰硕、医风医德高尚、国内外影响较大，从医学理论到临床实践，为中医药事业的传承和发展作出了突出贡献，是近现代百年来中华中医药界的杰出代表。

丛书的出版，对于弘扬中华文化，振兴中医药事业，造就中医药人才，普及中医药知识，具有重要的现实意义和深远的历史意义。这是一项开创性工作，填补了我国为著名中医药学家大规模撰写传记的空白；也是一项抢救性工作，因入选传主已仙逝过半，许多亲历、亲见、亲闻的史料日见散逸，将之收集整理、编撰成书，功垂后世、利国利民；更是一项承前启后的工作，总结传主经验，传承中医药伟业，继往开来，光耀世界医学之林。这部医文结合，富蕴历史性、学术性、文学性和实用性的鸿篇巨制，对医疗、卫生、科研、教育及全球关注中华中医药文化的各界人士，都有重要的参考和阅读价值。

丛书的编撰出版，是一项巨大的中医药文

化建设工程，在策划、撰写、编辑、出版过程中，自始至终得到了国家有关领导、政府部门及社会各界人士的关心和支持。国家中医药管理局高度重视，并组织专家对全书进行终审；数百名专家、学者亲临指导，参与规划；有关省、市、自治区卫生厅、局、中医局（处）给予大力帮助；传主及其亲属、弟子热情支持、密切配合；撰稿人深情满怀、辛勤笔耕；编审专家尽心竭力、精工细琢；关爱中医药事业的企业家热心公益、慷慨资助；全体工作人员不辞辛劳、无私奉献，这一切使丛书得以顺利出版。对此，我们深表谢意。

由于时间紧迫和资料搜集困难，加之水平有限，难免有疏误之处，敬请广大读者批评指正。

中华中医药学，历史悠久，源远流长，发端于远古，奔向于未来。百年对于历史，不过是短暂的瞬间；百人对于万众，不过是沧海一粟。然本丛书所记载的百年百人，则无疑是波澜壮阔的中医药发展史上辉煌的篇章和光芒闪烁的璀璨星辰。

张镜源

目录

少年立志　承传医业　/ 09
紧跟时代　才华展现　/ 17
呕心沥血　硕果累累　/ 28
开拓进取　举世瞩目　/ 39
医术高明　治病独到　/ 53
天文历算　重放光彩　/ 73
医德高尚　世人敬仰　/ 78

无一病不深究其因，无一方不洞悉其理，无一药不精通其性。

——强巴赤列

强巴赤列，1928 年出生，著名藏医学家和天文历算学家。6 岁习文，8 岁习医，拜师于著名藏医学家、藏医天文历算学家钦绕诺布，遂成精通藏医和天文历算学理论与实践的权威专家。先后担任拉萨市南城区区长、西藏自治区藏医学校校长、中国高级藏医研究班班主任、西藏自治区藏医院院长、中国科协副主席、西藏自治区科协主席、西藏藏医学院院长、西藏卫生厅副厅长、第六届全国人大代表、第七届全国人大代表、第八届全国政协委员、西藏科协名誉主席、西藏藏医学院和西藏自治区藏医院名誉院长、民族藏药学会名誉会长、中国香港国际中医交流协会名誉主席、西藏天文历算学会会长、国家级非物质文化遗产藏医传承人、藏医学院研究生导师。从1979年起先后被评为藏医主任医师、国家级专家、人事部有特别贡献的中青年专家、全国医院优秀院长、全国民族团结先进个人，被西藏科协授予“有突出贡献的西藏科技工作者”称号，享受国务院政府特殊津贴，获得西藏十佳新闻人物称号，2009年由人力资源和社会保障部、卫生部、国家中医药管理局评为首届国医大师。

强巴赤列在60多年医学研究与临床实践过程中不断总结经验，发现新问题，研究新问题，取得了一系列的科学研究成果。在临床方面，他对高原性红细胞增多症和黄疸症等，从病因、辨证到治疗都有所突破；在藏医学发展史方面，他通过考证和调查，确认藏医的发展已有2300多年的历史，不仅把藏医的出现提前了800多年，也否定了藏医随印度佛教而传入的说法。

参与编著的《中国医学百科全书·藏医分卷》、《四部医典八十幅彩色挂图》、《四部医典形象论集·如意宝藏》、《历代藏医学家名人传》、《强巴赤列论文选集》、《西藏天文历算总汇》、《藏医胚胎学研究》等论文论著，获得科学技术进步一、二、三等奖和相关国际金奖和金杯奖。

1916年，西藏自治区藏医院的前身“门孜康”在拉萨诞生，当时工作条件十分简陋，人员很少，到中华人民共和国成立后的民主改革时，藏医药人员也不足80人，没有一张病床，医院总建筑面积仅1000余平方米；如今建筑面积50000平方米，年门诊量达30万人次，年住院量4300余人次。现已成为西藏全区乃至全国规模最大的集医疗、科研、预防、保健、教学、藏药生产为一体的“三级甲等”藏医医院。这一切成绩的取得，主要归功于党和国家的关怀与支持，其中也凝聚着强巴赤列的心血，以及藏医院全体职工的辛劳。

强巴赤列始终重视和支持科学研究工作，自担任领导职务以来，对一些国家级科研项目和区级科研项目亲自进行指导，提出意见。

他不仅是藏医研究事业的组织者、领导者和实施者，而且在国际国内的学术交流中也建立了广泛有效的学术联系，曾先后赴尼泊尔、日本、美国及中国台湾、香港等地进行学术交流和讲学，并与其中一些部门建立了密切的学术协作关系。

在他的领导下，创建了藏医院图书馆，该图书馆收集和整理了一批非常珍贵的藏医、藏药、天文历算的古籍，并建立了藏医天文历算等方面的古籍抢救、翻印工作的较完整的组织机构。还创设了180余名历代著名藏医、天文历算学家的藏医名医塑像馆。他十分注重培养新一代藏医药人才，培养了500多名藏医学生，其中有的已是有关单位的领军人物和中坚力量。

强巴赤列在西藏卫生事业发展、藏医药学、

天文历算学研究、国内外学术交流等方面作出了卓著贡献，还为其他省区的藏医药事业发展给予了大力支持和援助。

少年立志　承传医业

1928年12月25日，强巴赤列生于拉萨八廓街北街一个藏医世家，他的名字由十三世达赖土登加措的太师普觉·强滚活佛所取。米如寺常住甘登寺喜卸赤巴，为其取名索郎达杰。扎什伦布寺的大咒师活佛从内地返回拉萨时，强巴赤列的父母专门带他请求晋谒，该活佛为强巴赤列取名旦增赤列。强巴赤列少年时得以在许多活佛尊前取名并获得数不清的加持。他回忆说："不想提起幼年无知时的情况，但是每当回忆我幼年时，都感到父母、保姆及亲属对我的抚育和爱护备至，仍十分感动，倍感庆幸。"在他记忆中，三四岁时，夏天保姆带着他，在拉萨的乡加林卡、朵让林穷嬉戏，冬天在吉邦岗、策门林等地玩耍。在父亲的指导下，他开始背诵“文殊菩萨”和“妙音佛母”的颂词等，每天早上冲服智慧开通药丸。这些对他的智慧和智力都起着良好的启发作用。他 5 岁时开始学习藏文和书写，6 岁时根据活佛的教言，到哲蚌寺入寺为僧，取僧名坚赞赤列，正式成为哲蚌寺的小僧人。但由于年幼，没有常住寺庙。

强巴赤列的母亲格桑措姆出生于贩卖草药和盐巴的小商人家庭。父亲贡觉维色为多吉坚赞之子。多吉坚赞藏文化学识渊博，公元 1858 年出生于拉萨尼木县。他幼年聪明好学，拜了许多名师，尤其是师从西藏著名学者达玛森嘎。达玛森嘎称多吉坚赞是他一生中藏医和天文历算的众多学徒之中最优秀者。他将毕生学识与实践经验全部传授给多吉坚赞。达玛森嘎将用过的药囊和 100 多种配方经典《配方未衰之宝串》亦赠送给了多吉坚赞。强巴赤列的父母特别珍惜这两样珍品，将其视为家里的“传家宝”。多吉坚赞最大成就是钦绕诺布老院长第十五绕迥周土马年时轮历精要历元转代为第十六绕迥生周火兔年时，多吉坚赞帮助研究并编写了结论。强巴赤列的祖父多吉坚赞是著名的藏医、天文历算专家钦绕诺布的恩师，他传给钦绕诺布一个治疗伤寒的秘方，在他去世多年以后的 1945 年，拉萨瘟疫流行，钦绕诺布曾用这个秘方救治患者，疗效甚好。多吉坚赞曾应邀到不丹王国给王后治愈了疑难病症。十三世达赖时期，重新刻板《四部医典》并校对，多吉坚赞为此作出了巨大的贡献。强巴赤列的父亲贡觉维色从小跟随父亲系统地学习藏医和天文历算，后来成为拉萨较有名望的私人医生。

父母将年仅 6 岁的强巴赤列送到当时拉萨有名的吉日（地名）私塾学习，按惯例从藏文第一个字母“嘎”开始，逐步学习 30 个字母和上下加字，元音符号、藏文的短脚和长脚书法等。经过5年的刻苦学习，强巴赤列奠定了很好的藏语文和相关文化基础，并以优异的成绩毕业。毕业不久，母亲将其带到拉萨“门孜康”恳求藏医大师钦绕诺布收为徒弟，钦绕诺布爽快答应并讲起缘分：“多吉坚赞老师是我的三恩上师（佛教显乘中指受戒传经和讲经的上师，密乘中指灌顶，讲密法和传授秘诀的上师）的活佛，这孩子的父亲与我也是师兄弟，我一定要收贵子为徒。”从此，强巴赤列开始了长达9年的苦读医学经典及相关学科知识的艰辛学生生活。

他按老师钦绕诺布的要求，从学习天文历算入门，又学习《藏文语法三十颂》等注解，注重学习理论并参加实践。

通过两年的学习，在全院统一考试中，强巴赤列荣获藏文文法考试第三名。根据传统教育规定，藏医理论背诵及授课完成之后，两个学生要轮流跟从老师见习，在背诵《草药本草奇异金穗》期间，要参加每年两次交叉外出采药实践。强巴赤列在1949年举行的第二次藏药识别考试中获得第一名。

强巴赤列完成了“门孜康”规定的关于藏医和天文历算方面的全部课程考试，获得了优异的成绩。钦绕诺布院长给予高度称赞。他勉励强巴赤列说：“强巴赤列，你的成绩很突出，为师很高兴，但你须切记不要骄傲自大，也不能满足于现状，更不能当一天和尚撞一天钟。藏医药学博大精深，要继续努力学习，注重学理与实践相结合。”

钦绕诺布为了鼓励学生互相竞争，毕业证书分三个档次：优、良、差；藏医学科和天文历算学科也各分为三个等级。值得一提的是1947年初，钦绕诺布院长亲自设计了一顶帽子，在长寿金丝缎帽子上绣上花纹，所绣莲花上尊永生诃子为医生之标志，绣莲花智慧剑象征天文历算。师生之中藏医和历算两门学科成绩优异者也有特殊的标志：帽子前面有诃子，后面则绣有慧剑标志。采药期间必须戴此帽（相当于现在的博士帽），没有帽子的学生羡慕获准戴该帽子的学生，因此为获得此帽，学习上产生竞争。这种方法对提高学生学习的积极性产生了促进作用。在校外，人们看到戴该帽子的学生就知道是优等学子。当时，藏医和天文历算两门皆修的学生较少，强巴赤列回忆说："在我的记忆中，著名藏医学家贡嘎平措副院长，落桑旦巴副院长，以及我自己戴过此帽。那年夏天采药期间，戴两科皆修标志帽子的只有我们三个人。此帽不同于佛教学者所戴的帽子，在藏医历史上集藏医和天文历算两种学科于一体的徽章的，这是第一次。"这是强巴赤列前半生最自豪的事情。

恩师钦绕诺布对他的学习成绩和天资聪颖感到满意，他将全部祖传秘方均传授给了强巴赤列。在钦绕诺布的众多徒弟中，强巴赤列额头大、耳垂长，特别英俊。他平易近人，性情温和，蕴含无量心，善于识别是非善恶。他的记忆力和思辨能力强，藏文、天文历算、藏医等十几万字的口诀背诵有如泉涌，钦绕诺布确认强巴赤列是其祖父多吉坚赞活佛的转世灵童。他对强巴赤列说："你的祖父多吉坚赞恩师将天文历算的清零算法传授于我，我要给你传授清零算法的全部诀窍。"随后，他在自己的寓所内，讲授了许多此法的诀窍，并将其祖父多吉坚赞给他的手抄清零算法的大卷纸，赠予强巴赤列。

此后强巴赤列又在恩师及其心传弟子土登伦珠门下，深入学习和实践了三年，以藏医、天文历算为主，兼及重点药方、技术窍门、秘诀要点等内容。他得到门诊看病、出外巡诊、实践训练的好机会，提高很大，因此在社会上有了名气，而且越来越大，人们称赞强巴赤列是当之无愧的子承父业的良医。

1949 年 5 月，强巴赤列以优异的成绩毕业，获藏医和天文历算双学科特等毕业证。他接受的是藏医正规的 9 年制教育，此时已是精通藏医、天文历算理论，能够独立采制药材，背起药箱为病人解忧的医生了。

紧跟时代　才华展现

1951年5月23日，西藏地方政府与中央人民政府签订了和平解放西藏的《十七条协议》。秋天，解放军进驻圣城拉萨，西藏历史上一场最深刻的变革开始了。从上层达官贵人到社会最底层的农奴，每个人面临的是一种对个人和民族命运的重大抉择。强巴赤列的母亲决定留在拉萨，强巴赤列的妹妹继续上私塾学校读书，小商店由强巴赤列的夫人经营。

1952年，在拉萨设立了解放军医院，许多群众参观新医院，患者逐步接受该医院的医治。强巴赤列参观后，特别羡慕妇儿科疾病诊治、接生等技术，决心先学习汉语，然后逐步学习西医。

1953年，强巴赤列在西藏军区干部学校所属社会学校开始学汉语，并担任解放军的藏文和社会学校《藏文语法三十颂》和《音势论》的老师，因工作突出，1954年被该校评为优秀教师。

1955年9月，一次难忘的经历彻底改变了强巴赤列的人生观和政治命运。他有幸成为第二次西藏青年赴京参观团成员，并担任秘书。他看到了天安门，在怀仁堂受到毛泽东主席和周恩来总理等中央领导的接见，他把一串祖传的紫红色佛珠献给了毛主席。

1956年10月，西藏青年干部培训学校成立，强巴赤列担任常务副校长，并加入了中国共产党。1957年，他担任西藏爱国青联团办公室主任，主要从事文艺、体育、娱乐等社会工作。1958年4月，他参加全国青联代表大会第一次会议，并在长春、沈阳等地参观了工厂、农村、矿山、学校和军营。

1959 年 3 月，他被委派到拉萨市藏医院，帮助钦绕诺布院长处理医院和社会上的一些行政事务。

1961 年 5 月，钦绕诺布向上级有关部门多次请求安排强巴赤列担任他的助手。得到批准后，强巴赤列及时到拉萨藏医院报到。院长告诉强巴赤列：“我早就希望你返回藏医院。”由于钦绕诺布院长的侄儿、著名藏医学家土登伦珠副院长和落桑旦巴副院长均英年早逝，能够继承他事业的人选像白天的星星一样罕见，而强巴赤列是最理想的人选。老院长说：“我一生为了藏医和天文历算学做了大量的工作，特别是为广大患者一心一意解除病痛，对自己过去做的事不后悔，但是由于不了解政策，对将来藏医院怎样发展和继承等方面十分担心。”强巴赤列向他尽己所知地讲解了党的民族政策和宗教政策。钦绕诺布院长感到很满意，他说：“你到医院工作我很放心，但西藏实行民主改革，开展政治运动。因此，到医院以后的工作，诊断治疗，职工资格认证等管理、运行体系不同以往，而新的管理体制尚未健全，原有的许多方面都不符合党的民族政策。最可怕的是，社会上有些人认为藏医院是旧社会噶厦政府遗留下的单位，不配合、不支持医院的工作。”

强巴赤列向拉萨市军事管理委员会和文教局反映了这些情况，不久医院亟待解决的粮食和柴火供应得到了解决。

当年 9 月，拉萨召开了“第一次藏医药工作会议”，市委领导出席并作了讲话，指出藏医藏药是藏族人民长期与各种疾病作斗争的结晶，是我国医药宝库中的珍宝，需要继承发展和提高完善。卫生工作对服务群众、服务生产有着重要意义，藏医界是党的团结对象。会议还决定，军管会第二医院（即原拉萨藏医院）改名为拉萨市藏医院。与会代表精神振奋，从此，无人再轻视藏医院，并迅速形成了拉萨市属的卫生队伍，拉萨市藏医院的名声地位也逐年提高。钦绕诺布被任命为院长，弟子强巴赤列被任命为副院长。师徒俩乘着西藏民主改革的热潮，决心重振藏医药事业。以前藏医院只有一个门诊部，不能满足病人的需要，1962 年初，重新设立了藏医院门诊部内科、外科、妇儿科、药房、挂号室等科室。除了门诊工作外，还组织医务人员接受培训，由老院长亲自讲授医学理论和实践经验。

1962 年 3 月，根据卫生部关于编写藏医药历史读物的通知，强巴赤列组织力量集中翻阅了大量有关藏医的历史资料，并进行整理研究，编写完成了藏医学与历史读本。20 世纪 80 年代后，经反复修改和补充之后记载于《中国医学百科全书·藏医分卷》历史部分。

1962 年，原来研制的七十味珍珠丸（然纳桑培）将用完，年老体弱的钦绕诺布院长在完成然纳桑培的配方与配制方法的传授之后，于同年12月25日因患心脏病而辞世。

1963年1月，强巴赤列按照已故老院长传授的然纳桑培配方和加工炮制法，积极准备药材。从拉萨旅游贸易公司收购了贵重药材：祖母绿、琥珀、松石、珊瑚等。药物齐全后，他委派药剂师进行炮制，并亲自参与和监办。此次然纳桑培的配制获得成功，弥补了此药的缺空，也解除了人们对此药失传的怀疑。同年2月，强巴赤列任藏医院院长，著名藏医学家阿旺曲扎和贡嘎平措任副院长。

钦绕诺布院长在世时十分重视藏医的继承和后代的培养。为此，强巴赤列院长在自治区政府的支持下在自治区和拉萨市有关部门招收了一批具有一定文化基础的拉萨中学毕业生和爱国进步人士的子女，以及三大寺的年轻僧人，共40人。藏医院安排授课经验丰富的老师管理和授课，学生们早晚背诵《四部医典》，白天开设基本理论、解剖、生理、药理等课程。

1965 年 3 月，西藏自治区人民政府正式成立后，政府特拨专款，新建藏医门诊大楼及拥有 33 张病床的病房，这是藏医历史上的第一所分科门诊医院和第一个住院病房。为了向自治区成立大庆献礼，医院组成藏医、中医、西医三方合作编辑组，编写了藏汉文对照的《初探藏医药》一书，得到了前来视察的中央代表团领导和卫生部以及其他省市领导的高度评价。

1971 年，强巴赤列被安排从事气象历书的编辑工作。他借工作之便深入基层，访问经验丰富的农牧民和散布各地的咒师、历算者前辈，广泛征求意见，充实气象历书的内容，尤其是关于耕种时节和气象预报准确性的内容。

1975 年，他受命到市卫生学校编写教材，想尽一切办法找回自己家里的剩余三部医典（总则本、论述本、后续本）和不完整的《注释本蓝琉璃》，还从藏医研究所借了《月王药诊》

和《十八支》两本书。在资料缺乏的情况下，他凭着惊人的记忆力，根据《四部医典》，又得到其他藏医院著名藏医学家的大力支持和帮助，通过两年多的努力，终于编成了《藏医基础学》、《藏医诊断学》、《藏医内科学》、《藏医妇科学》、《藏医外科学》、《藏医病理学》、《藏医儿科学》、《藏医五官科学》、《藏医方剂学》等一整套共 13 本教科书，100 余万字。针对藏医药学当时仍处于抢救时期和学生的文化层次也较低的情况，强巴赤列把这套教材写得深入浅出，通俗易懂。这套教材是首次按照先进的医学分科方法写出的藏医学教材。卫生学校先后开办了四个藏医班，毕业生 100 多人，大部分在基层从事藏医工作。全套教材后来由昌都地区卫生局出版，不仅成为西藏区内的藏医教材，而且成为青海、甘肃、四川、云南、内蒙古等省和自治区通用的藏医、蒙医教材，为民族医学人才的培养发挥了重要作用，成为经典教材。

1976年初，卫生部派遣藏医调查小组进藏，主要调查研究曼唐的历史和内容。随后，强巴赤列与中国中医研究院中国医史文献研究所的蔡景峰和赵璞珊合作，整理出了有关曼唐研究的两本专著。

1977年7月，卫生部先后两次委派专家赴藏继续藏医曼唐的调查研究和整理工作，强巴赤列参加了这项工作，主要任务是《四部医典》、《八十幅彩色曼唐》藏文翻译以及曼唐形成的历史研究。曼唐研究之中，除了研究在藏医院所藏的曼唐，还参考了罗布林卡格桑宫馆藏的八十幅全套曼唐。

1978年3月，强巴赤列赴成都参加整理及翻译曼唐的主要参考资料、整理目录、详细注释等工作，同年7月初，完成了《四部医典八十幅彩色曼唐》的名目版号，装订藏汉文合璧的四本画册，上呈卫生部。由于该画册成为集藏医科学性和艺术性为一体的珍品，得到许多专家学者的好评。与此同时，王镭对西藏藏医历史很感兴趣，他恳请强巴赤列介绍有关第司·桑吉加措所著《西藏藏医史》的主要内容。强巴赤列爽快地答应了他的恳求。

同年9月，青海西宁召开第二次五省和自治区（西藏、青海、甘肃、云南、四川）“藏药标准会议”，拉萨市藏医院决定委派著名药剂师塔克平措，主治医师次旺旦增，翻译郎杰拉措和强巴赤列参加会议。研讨会议期间，就有关藏药标准问题，交流经验，深入探讨。各省和自治区代表都竞相争取评选自己地区的藏成药和藏药材作为标准。可是水来源于雪山，藏医药来源于西藏，最后大家公认藏药标准最具有参考价值的理应源自西藏。尽管当时强巴赤列不是正式代表，但是与会代表都知道他曾经任拉萨藏医院的院长，而且是著名藏医学家钦绕诺布老院长的徒弟，于是，代表们推荐他为藏药标准领导小组组长。与此同时，青海省医学协会召开了“藏医学术经验交流会”，强巴赤列得到了介绍西藏藏医药历史发展情况的发言机会，与会不少代表高度评价强巴赤列的发言内容。这次会议对单科药 174 种和方剂 290 种制订了藏药标准，为今后藏药的生产、使用、审查等方面提供了依据。

呕心沥血　硕果累累

党的十一届三中全会后，藏医药事业得到恢复和发展，强巴赤列恢复了名誉和职务，投资130多万元的藏医院门诊大楼新建起来。

1979年4月，北京召开了编写《中国医学百科全书·藏医分卷》的会议。该卷由原药王山医学利众学院总教师土登次仁任主编，强巴赤列任副主编。选聘了包括青海、甘肃、云南、四川等地的藏医专家共16位组成编委会。同年冬季在拉萨召开会议，讨论布置了各部门的任务。7月，西藏中藏医学会正式成立。10月，在拉萨召开了“第一届藏医经验学术交流会”。会上，强巴赤列发表了《论藏医的五脏六腑》

一文，与会代表认为专门论述脏腑的论文比较罕见，对年轻医生益处多，一致给予充分肯定。该论文刊登于 1983 年《藏医论文选集》第一期。不久，强巴赤列晋升为藏医主任医师。随后，强巴赤列在恩师钦绕诺布编写的《藏医总则本的形象论集》之后又编写了《论述本形象论集和基本根词相结合》和《密诀本形象论集》，先后发表于《西藏研究》1982 年第四期和 1983 年第一期。1980 年 3 月，他参加了在北京召开的第二次“中国医学百科全书”会议后，回到拉萨编写《中国医学百科全书·藏医分卷》中藏医历史部分时，翻阅许多藏医历史方面的资料，发现早在吐蕃时期之前藏族人民就有了自己的医学。他在古书《大臣语录》中看到，吐蕃第一位藏王聂赤赞布在与大臣的对话中提到“毒之有药”。经过深入的调查研究，强巴赤列得出更多的论据。例如，聂赤赞布时代把人分为十二个阶层，医生就是其中的一个阶层，也就是说，当时就有了以医疗为职业的人。另外，与此相近的笨教（古代西藏原始宗教名，创始人辛绕）象雄文明时代，一位名叫常松·杰普赤西的笨教徒也以医术驰名。他能从马、孔雀等动物内脏中提取结石用以治毒，并认为孔雀结石疗效最佳。当时藏医的采药技术已从植物、矿物进入到动物内脏。于是强巴赤列得出结论，即在大约2300年前，藏医学就已形成，并且有了自己的名医。这一论断，把藏医学的发展历史向前推进了800余年，受到国内外学者的广泛赞同。6月底，遵照中央关于西藏工作的第三十一号文件中关于大力发展藏医及天文历算的精神，强巴赤列刚刚恢复藏医院院长职务时，就有关发展藏医、天文历算的问题向自治区党委和政府提出八点建议。内容包括抢救人才、继承藏医药、有效开展天文历算工作，扩大生产藏医药，派遣中西医专门人员从事藏医药研究，建议西藏综合大学设立藏医药、天文历算等专业以及加强藏医理论研究和资料收集整理工作等问题，并建议市属藏医院改由自治区直接领导，以便于推动各项工作。

仅在十多年的时间里，这些设想和建议都已先后变成了现实。强巴赤列高兴地说："我的建议，项项都得以实现，而且是超规格地完成。中央十分关心藏医学这门民族科学的发展，国家为实现我所提出的建议，投入资金将近一亿元。"

1980 年 9 月 1 日，西藏自治区人民政府批准"拉萨市藏医院"更名为"西藏自治区藏医院"后，藏医院加快了发展步伐，成为全区的医疗、科研、教育、藏药生产的中心。

1981 年 10 月开始，强巴赤列集中时间和精力阅读历史文献，搜集各方面资料，遍查布达拉宫、罗布林卡以及北京、青海、甘肃等地的一些书库，历时近 10 年为西藏及其他藏区的

150多名历代藏医学家立传，终于完成《雪域历代藏医学家传记》的编撰。他说：“写这部书，一方面是要让这些曾福及一方的名医集于一册，流芳千古；另一方面，更是以通俗易懂的语言给不懂古藏文和看不到更多历史文献资料的广大青少年提供一本教科书，让他们从祖先身上汲取勤奋进取的力量。”这部著作和他的另一部著作《四部医典形象论集》一样，是填补藏医学空白之作。该书于1990年11月由民族出版社出版。1998年再版时，他加以修订，并增加了30多位当代藏医名家。

1983年8月，为了藏医药事业的继承和发展，在哲蚌寺举办了全区第一届藏医进修深造班，从各地招收了45名学生。藏医院主任医师和副主任医师担任授课老师。强巴赤列为了培养尊师重教的美德，从《西藏医学史》及有关史籍中选编了《医德师生行为入门》，并亲自向进修班学生讲授。学生们懂得了要做诚实有信、待人温和的有很好素养的人。

1984年5月，自治区在拉萨北郊划拨5万余平方米土地，投入2400多万元人民币建设藏医院住院部，强巴赤列参与组织实施工作。

强巴赤列对发展藏医教育事业不遗余力，1983年8月，正式成立西藏自治区藏医学校，招收了具有高中文化水平的38名区内新生和10名青海省的新生。1989年9月，西藏大学藏医系与西藏自治区藏医学校正式合并，升格为西藏藏医学院，强巴赤列担任院长。他所写的教材，是藏医学院的教材之一，每年开学之际，他还要讲授《藏医传统医德规范》和《藏医师承学》，注重未来藏医的医德医风建设。

现在，西藏藏医学院作为我国最大的藏医人才培养基地，设有藏医系、藏药系、基础部、成人教育部、研究生部，来自西藏、青海、甘肃、四川、云南、内蒙古的学生接受着严格的培训，藏医学可谓后继有人。

1986年8月，为了向全体藏医医务人员传授“药王山利众藏医学院”和“拉萨藏医天文历算学院”独特的授课、灌顶的有关知识，举办了“中国高级藏医研讨班”。参加研讨班的30多名学员都是几个省、自治区藏医院的骨干医生，强巴赤列为研讨班讲授人体解剖学和医德医风方面的内容。西藏自治区藏医院的老医生和已被评为高级职称的15名医生，根据自己的特长，讲授相关课程，得到了全体学员的充分肯定。之后，编辑出版了《中国高级藏医研讨班论文选集》一书。

1991年西藏落实人事部、卫生部、国家中医药管理局关于全国老中医药专家学术经验继承工作与抢救师带徒传承制，强巴赤列首选现任藏医院副院长的次仁巴珠为第一传承人。在师带徒期间，强巴赤列精心栽培，次仁巴珠通过10多年的师承教育和不懈的努力，已成为藏医药科研领域的学科带头人和组织管理者。次仁巴珠在科学研究中与科研人员并肩战斗，求真务实地工作，起到了表率作用，先后承担了12项重大科研项目，承担了30多项科研项目的组织设计申报资料的起草工作，承担了《中华本草·藏医卷》汉藏版审改与通审工作和《藏药成方之剂现代化研究与临床应用》的审改与撰写总论的工作，还承担了多部专著及古籍文献整理出版的审稿工作。他编撰、起草、改写、审稿的著述累计已达3000多万字，科研考察调研、深入基层行程11万多公里，出色完成国家级项目答辩八次，多次参加省级立项、论证、验收、鉴定、咨询等会议，审评藏药品种达450种之多，可谓不遗余力，成果丰硕。

强巴赤列对第二批传承人次旦久美也同样精心培养，数年间在他的指导下，次旦久美博览群书，研读藏医经典，同时积极参加临床实践和课堂教学，科研工作与学业大有长进，并同导师一道撰写了多篇有关藏医药学的学术论文，发表于国际国内各类重要学术期刊上。次旦久美还担任了《中国高级藏医研讨班论文选集》系列丛书的主编，《藏医四部医典八十幅曼唐释难·蓝琉璃之光》副主编，《西藏藏医药》常务编委，《藏医大词典》常务编委，国家科技支撑计划课题的“名老藏医强巴赤列的学术思想与诊疗经验的传承研究”课题负责人等职。次仁巴珠和次旦久美等徒弟的这些成绩都离不开强巴赤列导师的精心栽培。

1995年，经国家教委批准，在西藏藏医学院设立藏医硕士研究生站，强巴赤列带病耐心深入地讲授藏医历史、理论、临床实践、祖传秘方等诸多内容，尤其是严格指导和筛选毕业论文。研究生的毕业论文，他几乎都要亲自过目，每看到确有见地之处，他都眉批、圈点，爱才之心跃然纸上。共四批硕士研究生写出优秀论文，获得藏医界广泛赞许，他们都成为自治区内外藏医学院和藏医科研机构的学科带头人。

2005 年 10 月，在自治区藏医院举行了免费藏医培训班结业典礼。此培训班于 1993 年由强巴赤列倡导举办，初建时他亲自授课，1996 年他担任名誉院长后，时间相对宽松，教学的目标更广泛地面向基层，增添了教学内容，除西藏之外，还有青海、甘肃、四川、内蒙古等地前来求学的学生都可以参加，采取全免费授课，在自治区卫生厅和西藏自治区藏医院领导的大力支持和帮助下，培养力度逐年加大。强巴赤列主要讲授《藏医诊治学》、《藏药配方甘露宝瓶》等藏医药经典医籍。受训学生包括来自自治区藏医院的医生，藏医学院的硕士研究生、实习生，基层农牧区的医生以及部分日本和美国留学生等。先后有 500 余人参加培训。

强巴赤列的徒弟遍布全国，成为各地医疗机构的中坚力量，其中佼佼者已成为今天藏医学界的栋梁。如今，藏医有了自己的学院，有了统一的教材，也有了藏医研究院，有了博学多才的研究人员，藏医药事业更加蓬勃发展。

开拓进取　举世瞩目

1983 年 10 月下旬，为了扩大制药车间，提高制药技术水平，藏医院制药厂的搬迁和改造工程在浙江省援藏项目中得以立项，由杭州市第二中药制药厂和具有悠久历史文化的胡庆余堂具体实施，强巴赤列率队到杭州参观洽谈。他们对两家制药厂参观、学习，就藏医院制药厂进行技术改造、现代机械配置使用及藏药剂型改良进行了磋商，浙江省有关方面同意派遣专业技术员对藏药糖浆制造人员提供岗位培训援助。1984 年 7 月，援助工程圆满完成，召开了隆重的庆祝大会。这为藏医药事业的进步壮大和发展，打下了坚实的基础。

1986年5月，西藏社科院召开成立“藏学研究协会”暨“西藏自治区第一届藏学研讨会”。强巴赤列在会上发表了论文《浅探藏医学史上最早出现的专职藏医杰布赤西之历史》和《胚胎学简史及藏医对胚胎学的贡献》，并被推选为协会副会长。

1987年7月，在具有悠久历史和重要实践意义的甘露藏药加持法严重衰退、面临中断的情况下，得到了上级有力的支持，在药王山利众医学院的土登次仁大师的指导下，以历史遗轨，举行了八天的加持仪式。这种“加持法”一直延续至今，已有20多年之久。其中，强巴赤列发挥了独特的作用。

从20世纪80年代后期以来，强巴赤列还主持了对遭到毁坏的八大药师如来彩缎唐卡等进行修复工作，聘请专家编纂了“藏医藏药和天文历算及文物目录”，主持藏药红景天的深入开发和研究工作，向中央和地方有关部门争取和落实了近千名基层医务人员的编制和待遇问题等等。

总之，凡是有关藏医药事业的发展问题，他都竭力争取加以解决。

1990 年 4 月，“西藏藏医、中医学术交流会”召开，强巴赤列发表了《介绍历史上的二十多名藏医学家认“论”的观点》一文，详细介绍了藏医学家的姓名、出生地、典籍名称以及他们的观点。千百年来，藏医学起源、形成的历史，一直是藏医界争论的焦点。由于宗教意识的影响，以往有学者认为，藏医学产生于佛教传入吐蕃的四世纪，由印度传入西藏。认为《四部医典》由释迦牟尼的化身“药王菩萨”神授，把它作为一部“佛经”看待，认为它是一部“经”（甘珠儿）。国内外也有许多专家学者认为，藏医学来自印度吠陀医学，与几千年一直生活在这块土地上的劳动人民无关。这个“经”、“论”争论的命题持续了 1000 多年，但主流认识还是“佛经”。强巴赤列在采纳苏卡·落珠杰布等20多名藏医专家观点的基础上，经过对古象雄文化的考证研究，以实事求是的科学态度，翔实可信的史料分析，大量历史文献的求证研究，得出结论，认为吐蕃以前的藏族人民就有自己的医学，古象雄时期（公元前5世纪），笨教的创始人辛绕·米沃齐著有《三十万集》，其儿子常松·杰布赤西继承其父的事业，著有《毒药疗法》一书，一直保存至今。有确凿的文字史料记载充分说明藏医药的历史至少应该在2300年以上。这个结论不仅将“经”、“论”之争有了让世人满意、信服的答案，并且将藏医学历史渊源推上至少800年以上。这一理论上的重大贡献，不仅在学术研究领域有重要价值，在西藏民族文化的认识“论”上也是一次飞跃。他认为《四部医典》是在8世纪，吐蕃赤松德赞时期，藏医学家宇妥宁玛·元丹贡布在吸收和总结本民族千百年来经过无数先贤的不懈探索、创造，并批判地吸收周边其他民族医药发展成果的基础上，最终形成具有本民族特色、系统、完整的藏医学理论体系的著作。它是藏医学典籍的奠基，万经之首。强巴赤列该文发表之后，与会专家学者一致给予高度评价。他的这一独特见解，已成为西藏学术界的定论，结束了长期以来的历史悬案之争。

《四部医典》人科分支中的第二是儿科。被誉为药王化身的是斋康·基巧勘布强巴土旺。斋康·强巴土旺是19世纪末、20世纪初活跃在西藏医药界和宗教界的一位显赫人物，曾经担任拉萨藏医天文历算学院“门孜康”的第一任总管，布达拉宫的基巧勘布系达赖在宫内的侍从僧官，三品，管理宫内一切事宜。他还是十三世达赖喇嘛的保健医生，曾随十三世达赖喇嘛到过北京和印度。他的渊博学识和精湛医术使他成为藏医一代宗师，培养了包括藏医天文历算学家钦绕诺布院长在内很多优秀的藏医天文历算人才。他曾著有《儿科知识利益众生之宝》一书。后来钦绕诺布也撰写了《儿科病类治法新补遗》等著作。但在一段时间内有关儿科的治疗，出现了走向衰落的迹象。1990年，自治区藏医院妇科和儿科两科分开后，单独设立了藏医儿科门诊，患者比以前增多。儿科门诊尤其对小儿麻痹症、肝下垂、小儿过敏性紫癜等疾病的疗效显著。

1992年10月，西藏自治区藏医院和自治区第一人民医院合作研究肝炎。利用现代医学先进设备进行诊断，药物方面大部分使用藏药，经过一年时间的临床研究没有取得显著疗效。因此，人民医院的医务人员对藏药的药效产生了怀疑。强巴赤列知道此事后，想起了1961～1962年期间，拉萨地区大规模流行肝炎传染病的时候，应有关部门的请求，钦绕诺布院长在治肝效果好的几种藏药中筛选给古迥那、乌白尼阿、古贡巧顿三种藏成药重新配制，肝病患者服用此药后，疗效显著。强巴赤列遂用此方，疗效很好，直至现在也有很多患者使用以上几种藏药。

1996 年，强巴赤列一行参观了藏医鼻祖宇妥宁玛·元丹贡布的出生地堆龙杰那，他们到了已变成废墟的宇妥宁玛的故居，决定在废墟附近比较平坦的空地上再建其故居，并建立宇妥宁玛纪念馆，此议得到有关部门支持，随后工程得到落实，并完成了钦绕诺布最初出家寺院山南加萨拉康的修建工程和建造钦绕诺布塑像的工作。

如今，8 世纪的宇妥宁玛·元丹贡布和 11 世纪的宇妥萨玛·元丹贡布、钦绕诺布纪念馆成为许多游客参观游览的旅游景点，众多藏族信教群众和藏医从业人员也不断前往朝拜。

20 世纪 80 年代初，由强巴赤列和王镭教授主持，将西藏自治区藏医院珍藏的《曼唐》

编辑成册并将说明文字译成汉文。后又由强巴赤列和蔡景峰主持将其翻译成英文，前后由西藏人民出版社影印出版，发行了藏汉文对照、藏英文对照两个版本。两个版本的《曼唐》出版后，受到国内外传统医药学界的重视和好评。但影印本《曼唐》中的文字说明与拉萨药王山利众医学院珍藏的《曼唐》、十三世达赖喇嘛时期流传到蒙古地区的《曼唐》以及中华人民共和国成立后复制的《曼唐》相对照，发现有些分图名称存在张冠李戴和错别字迭出的现象。为了弥补《曼唐》分图没有注释文字或太简略，画图与说明文字不相符及个别错字等瑕疵，2000年由强巴赤列担任主编，开始研究编写《藏医四部医典八十幅曼唐释难·蓝琉璃之光》一书。

该项目是国际藏医药界的“曼唐”研究之一。研究范围广泛、内涵深刻，图片及文字数量最多。藏医的“曼唐”是世界古老的传统医学体系中难得的文化瑰宝，非常珍贵。它有以下特点：其一是历史悠久，它已有一千多年历史；其二是内容丰富，几乎包括了藏医药这门古老传统医学的全部内容，这在世界其他传统医学中绝无仅有；其三是它具有鲜明的民族特色，“曼唐”的内容全部是以藏民族的特点来体现，不管是人物、生活习俗、语言文字、建筑设施、绘制技术、表现形式等全部都体现了藏民族的优秀传统文化。所有这些，使这套“曼唐”成为我国古代医学体系中独树一帜的医学教学工具，在世界传统医学体系中也是罕见的。“八十幅曼唐”完成于1703年，它的总设计师是杰出的藏医药学大师、著名的藏医天文历算学家第司·桑吉加措。他在完成这部稀世巨著之后，由于种种原因，未能来得及校对和审核，许多地方存在疏漏、错讹等缺憾。如分图和小标题颠倒，有错别字、缺字、图下文字注解过于简单等，经过近400年的漫长历史过程，国际、国内再没有对这部“曼唐”进行过系统、全面、深入的整修、厘定和补充工作。2000年初，由强巴赤列主持，根据他几十年对藏医学“曼唐”的研究和探索，结合他丰富的经验和渊博的学识，对整套“曼唐”进行了开拓性的开发研究，编撰了《藏医四部医典八十幅曼唐释难·蓝琉璃之光》，使“曼唐”的内容更系统完整、更深入翔实、更丰富多彩。全套“曼唐”共计80幅，全部用彩色绘成。除少数几幅外，每一幅都由若干小图圈构成，少则几幅图，多则几十幅，甚至100多个小图圈。全套“曼唐”反映了藏医理论和实践的各个方面，能够表现藏医的基本轮廓和概貌。

2003年，强巴赤列抓紧一切时间，回忆以前先师钦绕诺布传授如何运用藏医理念的临床实践，编著了《先师直传后学的藏医学理论和有关临床实践》一书，并由西藏人民出版社出版发行。同时为了满足初学者和年轻医生的需要，在西藏太医曲扎嘉措编写的《病人服药之经》和先师钦绕诺布的传统实践基础上，以自己的经验作为补充，编著了《藏医对症下药利益众医的常识》一书，两书皆由西藏人民出版社出版发行，他将其中一批书籍捐献给了各地区藏医院、农牧区医生。

强巴赤列自20世纪80年代以来，参加了一系列国际学术交流活动。

1986年11月24日，应尼泊尔王国的邀请，全国人大派有关人员参加世界佛教协会的大会。代表团团长为第十世班禅额尔德尼·确吉坚赞副委员长，随行五名代表中有强巴赤列。1989年10月25日至30日，应尼泊尔王国卫生部的邀请，强巴赤列与有关人员，在尼泊尔加德满都考察基层卫生保健方面的状况，同时考察了与藏医药史有关的尼泊尔民族医学情况，感慨良多，回国后他说："在藏医历史上，吐蕃王朝松赞干布和赤松德赞，先后从尼泊尔邀请医学家入藏进一步完善藏医学。西藏的医学鼻祖宇妥宁玛·元丹贡布和宇妥萨玛·元丹贡布，也先后专程到尼泊尔和印度进行医学学术交流，并吸收两国医学精华。本人问尼泊尔的医生是否有人知道这些情况时，没有一个人知道这些事情和有关历史。当时我在心里想，尼泊尔民族医学的发展状况和我们藏医学的发展状况相比较，我们的藏医学不仅有成熟完备的条件，而且每年有发展和进步，国内外也有一定的影响，想起这些觉得很自豪。”

1990 年 3 月，应日本自治医科大学和中日藏医友好团伊东红一教授的邀请，强巴赤列和藏医学院的副院长措如·次朗教授，赴日本参观访问、讲学和交流，获益匪浅。1992 年 10 月 12 日，应美国科罗拉多大学的邀请，西藏自治区卫生厅厅长土登和藏医院院长强巴赤列、副院长次仁巴珠 3 人，赴美进行学术交流，这是第一次从西藏藏医学的角度向西方介绍藏医知识。

他们在美国赢得了美方与会人员的高度关注，还参观了新墨西哥州的印第安民族的居住区等，感受颇深。此外，1998年9月，中央统战部还组织包括强巴赤列在内的藏医专家赴我国台湾参加海峡两岸中医、藏医学术交流活动，期间他多次作学术讲座，受到与会者欢迎。2000年7月，在拉萨召开的“国际藏医药学术会议”上，强巴赤列发表了《藏医四部医典八十幅曼唐释难·蓝琉璃之光》摘要，赢得了与会专家极高的评价，组织者中国民族医学会等单位对该文颁发了“特别金奖”，强巴赤列荣获“国际藏医专家”的称号。

2001年8月，在美国、日本、意大利等国和中国香港、澳门特别行政区联合组织和举办的“世界传统医学大会”上，经专家评审，强巴赤列的论文《藏医八十幅唐卡的历史及内容简介》获得了“国际千喜名医论文金杯奖”和

“国际千喜名医金杯奖”。据悉，这是藏医在国际传统医学大会上首次获得“金奖”。为此，自治区党委、政府在区藏医院召开表彰大会，自治区科协授予强巴赤列“有突出贡献的西藏科技工作者”称号。

医术高明　治病独到

强巴赤列不仅通晓藏医药学和天文历算学，而且在临床医学方面也有很深的造诣，尤其在高原病和某些疑难杂症分析和诊治方面有自己独特的见解和方法，并作了较深入的研究。

高原红细胞增多症（简称高红症）为慢性高原病的一种临床类型，是指人体长期在高原低氧环境下生活，由慢性低氧所引起的红细胞增生过度。从藏医理论分析“高原红细胞增多症”是由血液本身的性质发生改变而形成。血液在各自的黑脉（静脉）及其分支的途径运行时，受其性质发生改变而影响行气不能发挥正常的作用，血液得不到有效地推动而降低了位于胃内消化赤巴等阳气的功能，同时也降低了各种精华成熟的部分阳气功能；因此，未曾得到正常分解的饮食糟粕行至于肝脏，致使变色赤巴因失去了其正常的作用而不能成为正常的血液而形成了多血症。临床表现红细胞数、血红蛋白、红细胞容积显著增高；常见症状依次为：头晕、头痛、气短、胸闷、乏力、关节痛、厌食、消瘦、记忆力减退、耳鸣、食欲差、发绀、结膜毛细血管充血扩张、肌肉和（或）关节痛、杵状指（趾）、手指脚趾麻木、感觉异常。此外，女性月经不调、男性阳痿、性欲减退等。病理改变为各脏器及组织充血、血流淤滞及缺氧性损害。

强巴赤列认为高原血症大多是由于食用了紊乱血液本身的食物或者有碍于血液分解的高脂、高热量、高营养食物而引起血液黏滞度增高、血流缓慢所致的全身各脏器缺氧性损伤，因各脏器受损程度的不同，其临床症状轻重不一，变化十分复杂。如：过量食饮肉类、酥油、脂肪、酒等辛辣食品或者过度劳累、高温作业、过度脑力劳动等均可引起此症；特别是从异地搬迁到高原并长期居住者，因不适应高原环境和水土不服等更易引起此症。本病多呈慢性经过，无明确的发病时间，一般发生在移居高原一年，或原有急性高原病迁延不愈而致。

强巴赤列注重藏医诊断，同时也参用现代医学诊断方法。

谓之“高原红细胞增多症”的人，其巩膜和肤色均呈红色，颜面部和手掌、指甲、舌、嘴唇及局部皮肤多呈紫红色；尿诊时，可见尿色淡红、气体多而臭味浓、尿液沉淀物厚等。

根据《四部医典》“血症脉象搏动洪又滑”和《实践明解》中“血症的脉象在发病早期脉管充盈而搏动洪大、力足及数”的记载，血症的脉搏搏动均呈充实、洪大，个别可出现细而沉的现象，但数（快）为其不变的特征。

问诊以了解患者（所居住的环境和条件及性别、工种、饮食习惯等）的基本情况为主，符合高原红细胞增多症的头痛、头晕、心慌等基本症状和某些特定体征来予以鉴别，特别是在晚期、恶化时可有《四部医典》中所描述的丹毒、核疮（痞瘤）、脾病等并发症的出现。

结合现代医学诊断：生活在海拔3000米以上高原的移居者，或少数世居者。具备以上头痛、头晕、气短、疲乏、睡眠障碍、发绀、眼球结膜充血等，血红蛋白＞200g/L，红细胞压积＞65％和红细胞数＞6.5×10^{12}/L。脱离低氧环境后症状及体征消失，再返高原时又复发。排除其他疾病引起的红细胞增多。红细胞数男性≥6.5×10^{12}/L，女性≥6.0×10^{12}/L；血红蛋白量男性≥200g/L，女性≥180g/L；红细胞比容男性≥65％，女性≥60％。

高原红细胞增多症的藏医治疗原则：以控制油腻饮食，利用药物降低血液的黏稠度，分解血液成分，预防其他脏器的病变，呼吸功能锻炼和降低劳动强度。重症患者应予休息，但不宜绝对卧床。头痛等症状给予对症治疗，但应避免过多使用镇静剂。

在具体治疗方面，强巴赤列认为，患者可食用米粥、新鲜牛肉、牛奶及其奶渣和各种水果等，禁止食用牦牛肉和陈酥油、血块、酒类等高热、高脂、高营养以及辛辣的食物。患者适宜居住于低海拔或温差较小的地区；应适当进行运动，避免情绪激动，防止以上病因中描述的诱发因素。早期病人可服用姜汤或婆婆纳汤或余甘子汤以及二十五味余甘子丸和十八味檀香丸、七味血病丸、谷吉久松、嘎罗、唑姆阿汤、玉妥红汤等交替进行治疗，合并有肝脏的病证时服用秘诀清凉丸、七味红花殊胜丸、九味牛黄丸等。此外，根据病情可服用十五味沉香丸、二十味沉香丸以及果渣、十味乳香丸等敏感、显效的药物，发现并发症时应进行对症治疗。从《四部医典》“血症外治放血优”和《验方百篇》“炎症和血症均以热性所产生，治疗时药治不如放血疗”的记载，临床上首先内服特定的（三果）汤剂来分解血液成分后，在特定的穴位中进行放血治疗，最后以控制血容量的增加为重要的措施进行治疗。

强巴赤列强调，既然高原性红细胞增多症是高原地区的一种病症，最适宜的治疗措施是，能够居住到低海拔地区可避免进行复杂的治疗，短暂离开后的返回病情可复发。为此，对症用药应慎重，治疗以采取饮食疗法、起居疗法及药物等综合治疗为宜。

饮食疗法和起居疗法如上文所述。

药物疗法：早上服用二十五味余甘子丸 4 粒，中午服用十八味檀香丸，晚上服用十五味沉香丸，间隔服用余甘子汤。15 天的疗程后复查发现患者头晕、气短、胸闷、乏力、厌食、耳鸣等症状明显缓解，食欲和睡眠基本正常，血象检查红细胞各项指标均有所改善。要求患者继续吃药并对内服药品作细微调整，早、中午同前，晚上服用二十味沉香丸，间隔服用婆婆纳汤和三果汤。约定在5天后实施放血疗法。在整个治疗的过程中，强巴赤列让徒弟和学生进行诊治记录，观察病情变化和转归情况，并对他们阐述该病的发生原理、发病特点、症状体征、诊断、治疗原则和具体治疗以及预后方面的措施。治疗20天后进行放血疗法。持续治疗35天后复查发现患者的症状和体征基本消失，血象红细胞数$5.6\times10^{12}/L$，血红蛋白量180g/L，红细胞比容45%。预后：一年后随访本病未曾复发。

对黄疸症理论的系统整理和治法的创新，是强巴赤列对藏医临床的又一大贡献。

强巴赤列对黄疸症的病名做了梳理和归类：

黄疸症在藏医学多部著作中有较详细的论述，它作为一种疾病发展变化中的外在表现，藏医学根据其病程变化和其他症状的类别，将黄疸症分为目黄症、肤黄症、赤巴窜脉症、赤巴恰亚症四种基本类型。赤巴窜脉症在一些藏医著作中又称黄目大病或三黑桡症，这是根据本症发病来源和发病特点而起名的。《四部医典》及其《秘诀补遗》中将肤黄症、目黄症放在赤巴取治法章节内论述，而赤巴窜脉症放在瘟疫症治法章节中论述，赤巴恰亚症作为黄疸症发展变化的最后最严重的表现形式，在有关于赤巴病、肝胆病、痞症、瘟疫等章节内均有论述。强巴赤列认为黄疸是赤巴病的最基本特征，《四部医典系列挂图》用形象来描述医学内容时，凡是赤巴特征及赤巴疾病均用黄色点化。藏医所称赤巴病既是一切热病的总称，又包括肝胆等脏腑疾病及其相关的疾病。目黄症作为疾病发展阶段的最初病势较轻的表现，既可出现肤黄症，又可出现于赤巴窜脉症或肝胆痞瘤，肤黄症也是如此。藏医传统的病症分类时将目黄症、肤黄症、赤巴窜脉症、赤巴恰亚症均作为独立疾病来认识，本质上相互联系，是病程和病势发展转归某阶段的外在表现。

强巴赤列在论文中指出：黄疸是多种疾病引起的症状。它包括现代医学病毒性肝炎（黄疸型）；肝胆系统结石、痞瘤所引起的梗阻、某些药物性损伤和酒精中毒等引起的黄疸。

在病因和病原学上，强巴赤列以多因多缘的理论阐述了黄疸症的发病。

由于黄疸症属赤巴病，其各症的共同病因《四部医典》云："饮食不当，偏咸偏酸，饮食不洁，消化不良，恚怒等影响胆腑并延及全身，因而产生了难治的四十七种赤巴病。""病缘为胆汁过量失调，龙和未消化的培根夺位，侵入主消化的赤巴觉久部位，迫使胆汁外溢而致病；胃与肝脏的痞块挤压胆腑，或者胆腑本身生长痞块，迫使胆汁外溢，蔓延致病；通常胆腑主消化的胆汁失调或者消化赤巴导致血热紊乱，或者瘟疫引起胆汁扩散，或者饮食起居不当引起胆汁扩散，顺脉逃逸，肌肉和眼睛出现黄色。”另外，赤巴窜脉症属瘟疫之一种，其瘟疫症之病因《四部医典瘟疫症时疫治法》中云：“疾病之气，弥漫天空；结成云雾，笼罩大地，于是时疫、肠痧、喉蛾疗毒、黑天花等疾病接踵而来。”又云“四时亏盈，劳损、恶臭、忿怒、恐惧、愁苦等折磨，饮食失调变生疫疠。由于这类病缘诱发了赤巴之热，降于汗腺，又诱发了龙与赤巴，通过发病的六处途径依次进入。或者是被气味击中，疫疠逐步传染开来”。

强巴赤列根据《四部医典》把黄疸症分为四类症型：

（一）目黄症：眼球与指甲皆呈黄色，身体多汗、气力弱、烦热、眼睛疼痛，食欲不振，欲吐而不能，干呕，眼前只显青红光。

（二）肤黄症：体力衰弱、失眠、身体沉重，进食奶酪或饮水多发苦味，皮肤呈金黄色，同时眼睛将白色的器物看成金黄色，清晨凉爽时感觉舒适，中午时疼痛难言。

（三）赤巴窜脉症：初期寒栗，行动无力，脉象虚而数，尿色黄浊，头部与关节皆疼痛，昏晕不清。中期病势发展，大便状如菜油，眼、舌下、颞颥及全身皮肤皆呈黄色，口苦，纳差，身热少眠，指甲与牙龈以及舌唇皆呈白黄色，头部刺痛，舌唇裂纹，牙表结垢，肝胆结块，按之刺痛难忍，病气恶臭，体力与容光皆消失，无暇成型。如赤巴热上逆于头时，脑部刺痛，鼻衄；赤巴热入于肺则上身刺痛，吐痰黄色；赤巴热入于肾则腰部疼痛，小便不利；赤巴热入于胃则口苦，呕吐胆汁；赤巴热入于小肠则剧烈腹痛，大量泄泻。

（四）赤巴恰亚症：身体发痒，肤色呈黑青色，头发、眉毛脱落，身体干瘦无力，指甲呈现黑斑纹。

在辨证论治方面：强巴赤列早在20世纪就

对黄疸进行过深入的研究，筛选了许多有效药方，他既遵古又创新，对治疗本症积累了丰富的经验。他对学术没有偏见，临证时他主张必须辨证辨病相结合，即藏医辨证西医辨病。

强巴赤列认为目黄症及肤黄症为黄疸病症的初级或轻症阶段，包含甲乙型肝炎和其他梗阻性黄疸，临证必须辨别是否兼有旁系病症，黄疸症多数情况下出现身热、口渴、口苦、睡眠轻、大便色黄、脉象紧，小便黄赤、冒气大、沉淀物厚，舌黄燥等赤巴热象，单一型（不含合并症）甲型、乙型黄疸型肝炎因赤巴挤夺培根之部位，培根窜居主消化之赤巴部位，故出现热能和消化力均弱、怕凉喜暖、身体沉重、嗜睡、大便色白、脉象松缓、舌质淡、苔白厚、小便冒气小、搅拌之无“察”声等培根寒象，因培根窜入主消化之赤巴之位，故在《贡追札记》等许多著作中将本症称之为寒疸症。

强巴赤列认为治疗目黄症和肤黄症，如属

热象，采取清热解毒、泻胆疏肝法。他主张主消化之赤巴功能无明显减弱（无明显纳差）时，可先用诃子、獐牙菜共煎，待凉内服。或用獐牙菜、波棱瓜子、麻花艽花、西伯利亚紫堇、船形乌头，上药共煎，待凉内服。如有腹胀、恶心者可加用藏木香或广木香、甘草。并有胃脘疼痛、脉细数按之即空，可交替使用九味渣驯散。如便干则加用大黄或獐牙菜、生大黄、唐古特青兰、黄连，上药共煎，待凉内服，日两次亦能取得良效。上述药物中獐牙菜性寒味苦，具有良好的清热解毒、消炎利胆功能，但药性较粗糙而猛烈，如老年龙型人使用过频，则易于生风。诃子味涩，消化后变成苦味、药性寒而锐利，具有良好的降腑热、赤巴热的功效。甘草可调理药味，降气火，对呕逆有较好功效。其他诸药对清热解毒、消炎止痛有良好的功效。本症亦可辨证选用下述诸方：八味獐牙菜散、九味牛黄加味散、秘诀寒方散。老年龙型人宜选用赤来朗杰散。对于脉紧、季肋部或胃脘灼热感、背满者可选用十八味沉香散，还可选用郎庆类、余甘子轮幻散、七味红花散。对表面抗原阳性、转氨酶较高而黄疸指数较低者选用玉宁尼阿、七味红花散、欧百尼阿散屡屡获效。

属寒象者采取升养胃火、泻胆养肝法。强巴赤列主张选用药物性味温和，寒热适中的药方。《四部医典》云："主消化之赤巴主要在胃，部分遍及全身。"寒象者因龙、培根或血挤夺主消化之赤巴部位，强夺赤巴之门户，使胆汁挤入脉道所致主消化之赤巴功能减弱。经常选用下方：石榴、黑冰片、豆蔻、诃子、肉桂、波棱瓜子、荜茇、蔷薇花。本方能升养主消化之赤巴火，助于消食，疏通胆脉。对胃火亏损引起的积食不化、赤巴瘀积有良好的功效。对胃脘疼痛明显、肠鸣泄泻、口苦、纳差者配以色妥阿巴散或便干腹胀者配以色西卡追交替服用；

腹痛、便溏而色黄者可配以赤柒顿巴或札寻古巴散，对肝胆区隐痛或不适者选用嘎纳久巴散，对于黄疸程度较重、选用上述药物较难奏效时，可在嘎纳久巴散中加用熊胆、牛黄、藏红花，此法泻胆疏肝之功效可靠。

对于赤巴窜脉症的治疗，他擅用两种方剂：（一）牛黄青鹏散。处方：红花、婆婆纳、毛边绿绒蒿、渣驯膏、石菖蒲、雪上一枝蒿、结血蒿膏、麝香、獐牙菜、波棱瓜子、诃子、安息香、黑冰片、广木香、牛黄。本方清热解毒，消炎利胆，对清肝胆热、解赤巴热毒、疏通胆脉、止痛、平衡龙、赤巴、培根之紊乱，有良好的功效。本方如加用熊胆，其疗效更佳；（二）欧百尼阿方。处方：绿绒蒿、石灰华、丁香、桂皮、木香、沉香、渣驯膏、朱砂、红花、莲座虎耳草、巴夏嘎、波棱瓜子、荜茇、余甘子、甘草、寒水石（乳剂）、藏红花、唐古物青蓝、熊胆、牛黄、麝香。本方对清赤巴热降于胆腑、肝热、肝肿大引起的肝胃区疼痛具有良好的疗效。

临床辨证时，又常依据具体情况而使用佐药：本症初期寒栗，行动无力，脉象虚而数，尿色黄浊，不熟热象显现时，可在内服任一上方的同时用结血蒿煎汤加入微量麝香（一般能闻及麝香味为限）待温热后，日多次内服。或用土木香、宽筋藤、岩白菜、止泻木子煎汤分多次内服。或熊胆、大叶獐牙菜、船形乌头、红耳鼠兔粪、姜黄共研细末，温开水送服。中期症象显现时，用结血蒿煎汤加入麝香和石菖蒲粉，拌入酥油，混匀后反复涂擦而取效。中期病势难于控制者，可在结血蒿煎汤中加入麝香、牛黄，日多次内服，往往获得起死回生之功效。肝热山源界或引起鼻衄者可选用秘诀部七味红花散，用麻黄汤送服。如胆热入于胃，选用黑冰片、塞嘎尔炭、黄连炭、秦皮炭，共研细末内服，本方有清肝利胆、清胃热之效，亦不败胃。胆热入于小肠，用其他方药无效时，强巴赤列选用下述方药：草乌绒、朱砂、止泻木子、霹雳骨、大叶獐牙菜、麝香、船形乌头、熊胆、黄连，共研细末，开水送服，可获效。

强巴赤列认为，治疗黄疸症在历代医学著作中记载的方法和方药繁多，后世对其方药亦有筛选和发挥，但还未形成或未筛选出方法简单、疗效确切、众所公认的方剂。对某方药的疗效往往众说纷纭，医家们习用的治疗肝热症、胆热症、黄疸症的药物玉宁尼阿丸，虽对病势发展慢者疗效缓慢而持久，但对病势发展快、病情重危者，药性不够猛烈，起效不够迅速，退黄作用较弱，故不适用于赤巴窜脉症等赤巴瘟疫症的治疗。牛黄青鹏散最初为强巴赤列先师钦绕诺布习用方剂，后于20世纪60年代在拉萨甲肝流行时，他专门配制此方，专用于防治甲肝，体会到此方药效猛烈，起效迅速，临床症状消失快，退黄作用强，作用广，凡瘟疫症引起的所有临床症状均有疗效，且不败胃，无需更多加减，遂感本方为治疗赤巴窜脉症较理想方药。

20世纪90年代初，自治区藏医院与自治区第一人民医院协作，又进行了藏药防治病毒性肝炎的临床研究工作。虽然经过多次筛选，证明许多既往使用的方药只能作为佐药，而不能作为主药或首选药物。当对疗效不满意、研究工作陷入困境时，强巴赤列根据历代医家“赤巴其性热毒应按毒诊治”的思路，提出肝胆热症其本质为赤巴热毒，治疗本病应以清肝热，解赤巴之毒邪，又提出治疗赤巴病重在泻胆的治疗原则。按他提出的药方，及时调整了药味，注重清热解毒、泻胆疏肝，果然其疗效显著提高，治疗不少重度黄疸、重症肝炎屡屡获效。

西藏是病毒性肝炎相对高发区，筛选其有效的治疗药品，对其防治工作具有重要的意义。根据强巴赤列提出的辨证论治法则和方药，设计了牛黄青鹏散防治病毒性肝炎的临床科研课题，经对65例甲肝患者观察，平均在13天内能使症状消失。又对105例乙肝患者观察，平均在23天内能使症状消失，退黄及降低转氨酶作用更为迅速，每日1～2次，每次1～2g，连续服3个月均无明显毒性反应。本方又根据强巴赤列提出“赤巴为毒，以毒攻毒”的治则，又根据历代医家“既是毒物，用之得当，谓之良药也”的思路，配有微量的有毒性之药物，以加强消炎止痛之功效。

强巴赤列为当今藏医界之冠，不仅理论研究、教学造诣极深，且诊治内科、儿科疑难杂症亦有丰富的经验。临床上除擅治黄疸症及其属症外，还运用升养胃火、通气火运行之通道法治疗萎缩性胃炎，运用降气调血安神法治疗查龙病，运用活血通脉治疗半身不遂，运用保护腑津，熄灭赤巴火、泻腐清肠法治疗肠痧疫疠，用色妥久吉治疗慢性阑尾炎，用当滚杰巴治疗心动过速，用阿嘎杰巴治疗心动过缓，用红景天抗高山缺氧，用唐庆尼阿、阿嘎尼修、阿嘎索阿、母地尼阿等治疗高原性头痛等。强巴赤列积累的丰富的经验与理论知识，对提高藏医临床疗效具有重要影响。

天文历算　重放光彩

强巴赤列不但在藏医学方面成果累累，在天文历算方面同样造诣很深，藏医药与天文历算有着非常紧密的关系。五世达赖时期，第司·桑吉加措对藏医药和天文历算学有特殊贡献，著有《白琉璃》。钦绕诺布大师也有重大贡献，他发明了“不共空入法笔”计算，成功运用到十七绕迥至火兔年的“历首易”。该法仅传给强巴赤列一人。强巴赤列全面继承了大师的科学方法，这为他日后成为该领域学术权威奠定了基础。西藏和平解放后，由于各种历史原因和人为因素，大量历史资料遗失、毁坏、破损。专业研究人员稀少，不能开展正常工作，天文历算工作曾一度处于停滞状态。强巴赤列一直未中断对天文历算学的研究，他任藏医院院长期间，积极组织人员，重新开始抢救出版、发行、修复藏医药、天文历算学典籍。积极组织该项业务的恢复工作，恢复了西藏拉萨地区乃至全藏区一度被停刊的藏历天文历算历书的编写和藏历历书的编写出版工作。他和学生一道深入农牧区实地调查研究，观察气候变化，掌握了大量的与农业生产、人民生活、疾病的产生有着密切关系的第一手资料，在深入细致研究的基础上，对原历书进行了大胆的修改完善，丰富和发展了传统历书，使其真正为各族群众的生产生活服务。同时，他指导西藏各地区历书的编写修订。他和慈成坚赞大师一道，观察四时节气，万物生长变化的规律。广泛研究古象雄、吐蕃时期、古代印度和汉地的天文历算文献，结合西藏今天的四季气候变化特点，探讨气候变化与人们生活和生产活动之间的紧密关系。并根据星体运行规律，预测各种自然灾害、预报天气、预防疾病发生。进一步深化“有算必有医药，有药必有历算”的藏医药和天文历学的密切联系。人类社会进入到当今世纪，科学技术有了日新月异的飞速发展，现代天文、天体物理、气象科学领域取得了前所未有的辉煌成就，而他所领导的西藏自治区藏医院天文历算研究所，仍然有所作为。依据古老、传统的天文历算知识，借用沙盘推演，每年编写历书。藏医天文历算制定的历书，在青藏高原仍然是指导人们日常生活生产活动不可或缺的工具，每年的发行量在几十万册以上，成为当地人民群众的“百科全书”。它不仅在农牧区有其广阔的市场，城镇居民的衣、食、住、行也离不开历书，甚至在应用现代化手段作业的气象部门也经常将历书作为借鉴和参考的依据。在原有基础上，强巴赤列编写的《天文历算简史及气象经验》深受人们的喜爱，如将“罗喉盘”

应用于日、月食预报和气象预报，其准确性、及时性、操作性较之传统的预报更加完善。这种独特的天文历算学推算方法，其科学价值在世界各国的历法中独树一帜。1986年4月24日，西藏自治区藏医院天文历算研究所，对当日发生的日食推算的结论与南京紫金山天文台发布的预测结果，相差仅有两秒之微；1992～1993年西藏日喀则发生地震，他们做了准确的预报，各级政府采纳了他们的预报信息，及时采取积极措施，没有造成任何人员伤亡和财产损失。以后发生的雪灾、洪涝灾害，都有准确的预报。这些事实充分说明，东方科学文化同样是世界科学文化不可或缺的部分。

天文历算不仅能够做到对自然灾害的预报，对人体与时令、季节变化、疾病流行、疾病发生也能提供预报信息。在藏医诊疗疾病过程中，脉象变化靠天文历算推算，疾病发生的时间、部位，都可预测，甚至使用药物治疗病人，也会根据时令节气来对症下药。这和现代医学“药物时效学”的理论有许多相似之处。如服用激素药物，早晨八时服用效果最佳，用量最小；高血压病、糖尿病等疾病的治疗，用药也讲究时辰；精神病发作，一年之中以2～5月发病率最高，3～4月达到高峰；冠心病、心绞痛发作、心肌梗死、猝死等急性病发生的“魔鬼时间”大都在5～11点钟，等等。还有许多疾病的发生与环境气候、季节时令变化有密切关系。这些说明古代藏族劳动人民早已注意到气候变化与疾病发生之间的关系。强巴赤列在继承前人经验的基础上对此有新的发展和贡献。他主编的《西藏天文历算学总汇》，约600万字，1995年由四川民族出版社出版。该“总汇”具有重要的文献、学术和实用价值。

医德高尚　世人敬仰

强巴赤列在60多年的医学事业中，不仅深入研究藏医古代医德医风，并且撰写了不少传统医德医风的文章，在藏医界有着广泛的影响，并发挥了极其重要的作用，藏医的传统医德医风已成为藏医药学文化传承的重要组成部分。

医学是以治病救人、预防疾病、争取长寿为最终目标的科学。很自然，它具有鲜明的道德属性。藏医对医德医风历来十分强调，在藏医典籍中，从佛学的普度众生、慈悲为怀的道德思想出发，对医生的职业性质、知识技能、品德修养、言行举止、是非取舍等各方面都提出了很高的要求。医生在社会上也享有很高的声誉和地位。

藏医《四部医典》中医德思想的内容包括：为众生造福，视众生为母；冤亲平等，热情治疗；怜悯病人，不嫌其脏；语言悦耳，礼貌待人；勤奋学习，精通理论；勤奋工作，不可偷懒；用心治疗，专心致志；详察明辨，不可拖延；博采众长，孜孜不倦；尊敬师长，衷心虔诚；爱护同仁，亲如兄弟；对待贫困，慈心相助；对待成绩，不可骄傲；一切知足，不能贪婪；以救死扶伤为己任，决不贪图钱财；无私利众积善德，尽心尽职为病人。藏医医德医风为藏医学发展奠定了良好的职业道德基础，在长期历史发展过程中逐步形成的藏医医患关系、师生关系、同道关系都是比较和谐融洽的。

强巴赤列行医60多年，接诊过数以万计来自四面八方的不同患者，其中不乏名声显赫高官达贵一掷千金之人，也有贫困交加身无分文之人。他几十年来如一日，严守医典信条，谨记上师教诲，待人接物从无亲疏爱憎之念，无贫富贵贱之分，也无男女老少之别。特别是遇到年老体残、智障疯癫者，他更是充满悲悯和恻隐之心，除了想方设法为他们解除病痛，恢复健康，精神上不断加以开导和鼓励，还常常在自己并不宽裕的条件下从经济和物质上给予无私援助。西藏经济相对落后，农牧区群众生活水平较低，医疗设施条件较差，医疗资源严重不足，群众医疗预防保健得不到有效保障。他利用业余时间，分文不取地为农牧区来的学生讲授藏医知识，指导藏医实践，培养了众多地道的民间藏医，为发展藏医药事业，为培养藏医药人才辛勤操劳，不遗余力。为此，他在社会上受到了民众的拥护和爱戴，无数康复后的患者和接受过他教育以及资助的人，都把他视为活菩萨和再生父母。

“无德不成医，行医德为先”是强巴赤列一生推崇的职业理念和恪守的职业操守，也是他遴选弟子的先决条件和教育门徒的首要内容。他时刻强调医乃仁术，行医者必须具备仁爱、同情、耐心、细心、谦虚、谨慎、无私、无畏、诚实、正派等美德，实践“四无量”（即仁慈、悲悯、热爱、中庸），必须要有掌握医典的智慧、辨别病情的智慧、灵活救治的智慧，要具备菩提的慈悲之心，正视世间的痛苦，虔诚地敬信“三宝”（即身行、誓语、诚意），要有为众生造福的热情，要有为病人服务的誓言，要把“为他”奉为唯一的宗旨，要在身、语、意三方面作出榜样，在行医过程中不论时间、数量、分量都要执行不偏不倚的公平的态度，热爱赞美医疗事业。只有成为“求真、行善、臻美、博爱、至圣”的人，才会顺理成章诚心诚意地去做“关爱生命、关注现实、关心苦难、关怀平民”的事，也才能称得上“拉杰”（神尊）、“门巴”（益于众生之人）、“措杰”（人生安泰之师）的美誉。

在实践中，强巴赤列一贯倡导医学在本质上不是人与医疗机械、人与药物、人与生物检测数据等的问题，而是人与人的问题。医学不仅要解除病痛，还要给人以良好的生命质量和生活质量。在任何时间，任何阶段，医学科学技术的发展，医学治疗手段的进步，医学效果评价的建立，医学政策制度的形成，都必须要以人的身心健康和生命质量的考虑为出发点和最终目的。这正符合当下“生物一心理一社会学模式”的转变观念。

强巴赤列十分重视医务人员和医学生的思想道德及行为举止方面的修养。他主动义务地亲自编写有关医德方面的教材，亲自授课。他时常不厌其烦地教育大家，医学是以人的生命、人的健康为服务对象，从业者要具备关心人、尊重人、理解人和服务人的思想观念，要懂得将心比心，换位思考。他始终把医患之间信息的充分沟通，情感的交流以及对患者精神的慰藉、情绪的稳定、人格的尊重、相关权利的确保等放在重要的地位。对这些需求的满足，有时甚至重于躯体的康寿。特别是藏医的望问切三诊法，虽然传统，但却是医患之间最原始、最直接、最亲切的交流。态度和蔼、语言文明、举止得体能够减轻患者的压力，取得患者的信任，这也是实施有效医疗的前提条件。对此强巴赤列制订了严格的规章制度，采取了赏罚分明的奖惩措施，医务人员通过强巴赤列的以身作则和言传身教，增强了医德责任感、是非感和正义感，从而指导、规范和纠正自己的行为与医疗实践活动。几十年来，通过强巴赤列潜移默化的影响，藏医院良好的医德风貌在社会上赢得了良好的口碑，尤其是和谐的医患关系、优质的医疗资源、合理的医疗费用、高尚的医师人格，都深受群众的好评。这也是医院又一大特色优势，并对区外所有藏医行业产生了深远的影响。

藏医典籍中医德思想除规范了医生的道德操守外，还强调了钻研医疗技术的重要性，把医术的好坏作为医德规范的重要内容。为此，强巴赤列白天临床夜晚读书，一生博采众长，勤求古训，广泛涉猎，潜心钻研，不断创新，努力做到“无一病不深究其因，无一方不洞悉其理，无一药不精通其性”，以渊博的知识和精湛的医术闻名遐迩。他在这些方面的成就，不仅给学生树立了严谨治学的圭臬，也为医界同行树立了治病救人的榜样。

我国医疗机构管理条例第三条规定：“医疗机构以救死扶伤，防病治病，为公民的健康服务为宗旨。”从立法主旨上来分析，医疗机构的设置不是以盈利为目的。其设置的主要目的是为公众提供“救死扶伤，防病治病”的福利措施。为此，强巴赤列强调医疗机构应突出强调“慈善”、“博爱”的人文精神，而不应该是商业利益的最大化，不应该将医疗行为等同于商品交换。几十年来，医院在强巴赤列院长的治理下，院子里栽满了钻天杨、高山松、翠柏、杉树，绿意盎然。住院部整个走廊环境幽雅，空气清新，药香味扑鼻，这在很大程度上消除了病人的恐惧感和压抑感。

长年来，医院本着“治病救人高于一切，一切为了人民健康”的原则，每年拿出相当部分资金作为救助贫困病人的免费医疗资金。每年为拉萨三大寺院的僧侣和近郊的五保户、市区的居委会进行定期或不定期的免费诊疗送药活动。每年为两个定点扶贫乡提供各种医疗器械、药品、办公设施等，从而极大地改善了两乡农牧民群众的就医条件。同时为了满足国内外患者的需求，设立专门机构开展信诊和邮药服务。这一切收到了良好的社会效益，赢得了“人民信赖的医院”、“慈善医院”等社会赞誉。医院先后获得卫生部授予的“全国卫生文化建设先进单位”、“全国绿化造林先进单位”，五次荣获卫生部“全国卫生文明先进单位”，三次荣获自治区人民政府授予的“文明单位”等荣誉称号。强巴赤列也于1988年被卫生部评为全国医院优秀院长。

强巴赤列接受记者采访时曾说：“老一辈为发展藏医所做的一切，是不计任何代价的！像《四部医典》里要求的菩提心，与全心全意为人民服务、一切为了人民健康的思想可以说是一致的。我们也应该向老祖宗学习。”

1990年5月下旬，中国科学技术协会召开了“第四届代表大会”，有7名西藏代表参加这次会议，会议选举强巴赤列为常委，并推选为副主席，他成为全国科学技术协会的第一任少数民族副主席。这是对他组织领导才能、埋头苦干的作风、实事求是的精神和在藏医药、藏天文历算方面取得卓著贡献的充分肯定。

同年10月13日，钱学森被授予“国家杰出贡献科学家”荣誉称号，当时强巴赤列正好也在北京开会，产生了去拜见这位科学家的强烈愿望。他觉得登门恭贺是一项很重要的礼节，经中国科协与钱学森协商，他高兴地接受了强巴赤列的请求。22 日上午 10 时，钱学森在国防科工委专门抽出时间接见强巴赤列。强巴赤列以西藏传统礼节向钱学森敬献了哈达，呈献了一幅布达拉宫的彩绘唐卡，并代表西藏全体科技人员致以祝贺。钱学森非常喜悦地说：“今天见到你，我非常高兴。西藏医学有数千年的历史，从藏医具有的非常丰富的经验来看，能证实过去西藏医学非常发达，但后来受到了高原气候变化等条件的影响发展减缓。我认为，现代科学技术没有解决不了的问题，西藏的高原气候问题完全可以克服。我坚信，我们一定能把西藏发展成为 21 世纪的人间乐土。中国科学技术委员会第四届会议上，你当选为副主席，是唯一当选的少数民族副主席，中国科协新设立的发展少数民族科学技术专门委员会，主任应该是你来担任，今后发展少数民族科技方面要多关心支持，这项工作要取得突飞猛进的发展。”钱学森还说：“你是藏医学的专家，认识和研究有关气脉以及人体结构是非常重要的。1956年，我从美国回归祖国的时候，开始关注有关中医的知识。现在我国不仅中医取得了长足的发展，藏蒙医等民族医学也有很大发展。但科技和医学方面的研究是无边的。举例说，人体学是非常复杂的一门学科，这方面我们还真有很多不懂的地方，加强这方面的研究是非常重要的。”钱老的一席话使强巴赤列受到了很大的启发和鼓励。

西藏自治区成立40周年之际，中央电视台以及部分兄弟省市广电媒体，向国内外大力宣传40年来西藏翻天覆地的变化和成就。8月30日九点半，中央电视台《东方之子》栏目播出了《雪域高原藏医学家强巴赤列》，向全国观众介绍强巴赤列的生平事迹，介绍他为弘扬民族优秀文化、继承和发扬藏医学和天文历算事业所作出的重大贡献。节目播出后，强巴赤列收到了来自全国各地许多患者的来信。针对患者来信来电提出的希望，他专门组织一批藏医专家根据患者提供的病状和西医、中医的诊断结果，进行综合分析。确诊之后，通过邮局向患者邮递药物和藏医的独特治疗方法等，为广大患者做了自己力所能及的事。

2007年，强巴赤列等8位医学药学界的专家荣获何梁何利基金“科学与技术进步奖”。强巴赤列将所获20万港币奖金兑现成人民币，捐赠给了西藏自治区内的孤儿院、盲人院和养老院。何梁何利基金是用于奖励在各学科作出贡献的中国学者。强巴赤列是西藏自治区第一位获得此项基金奖励的专家，也是第一位在传统医学领域获得该项奖的少数民族科技工作者。

强巴赤列对藏医学卓越的贡献，赢得了党和各级政府的信任，赢得了同行的赞扬和肯定，赢得了广大人民群众的爱戴和尊重。

强巴赤列在回顾他60多年的从医历程时，无限感慨地说："如果我是一只飞翔在高原上的小鸟，那么我有一对强劲的翅膀。这翅膀一只是恩师钦绕诺布赐给我的知识和教我的做人品格，另一只则是党和国家重用我，使我学有所用，充分发挥自己的特长。"他就是这样一个普通的人，对中国共产党、对恩师充满感激之情。他就是这样一位学者，对藏医学怀着执著的信仰和追求。他就是这样一名名医，在藏医学发展的历史上留下了他深深的足迹。

2011年2月21日，国医大师强巴赤列因病医治无效，在拉萨逝世，享年83岁。

（撰稿人　次仁巴珠　次旦久美）

《中华中医昆仑》丛书150位医家名录

（按生年排序）

张锡纯	丁甘仁	萧龙友	王朴诚	恽铁樵
曹炳章	冉雪峰	谢　观	施今墨	汪逢春
孔伯华	黄竹斋	吴佩衡	蒲辅周	陈邦贤
李翰卿	李斯炽	姚国美	陆渊雷	张泽生
时逸人	张梦侬	叶橘泉	王聘贤	陈慎吾
邹云翔	赵炳南	承淡安	余无言	刘惠民
岳美中	沈仲圭	秦伯未	赵锡武	韦文贵
程门雪	黄文东	赵心波	董廷瑶	吴考槃
章次公	石筱山	陆南山	张赞臣	李聪甫
刘绍武	陈存仁	朱仁康	陆瘦燕	姜春华
韩百灵	高仲山	李克绍	王鹏飞	刘春圃
金寿山	哈荔田	何世英	周凤梧	干祖望
关幼波	王为兰	任应秋	罗元恺	祝谌予
杨医亚	郭士魁	何时希	耿鉴庭	俞慎初

裘沛然	顾伯华	江育仁	邓铁涛	门纯德
刘渡舟	尚天裕	朱良春	李玉奇	程士德
尚志钧	赵绍琴	董建华	米伯让	李辅仁
张珍玉	班秀文	颜正华	于己百	颜德馨
路志正	方药中	王乐匋	黄星垣	谢海洲
余桂清	何　任	王子瑜	程莘农	陈彤云
焦树德	张作舟	张　琪	李寿山	张镜人
王绵之	方和谦	印会河	王玉川	蔡小荪
李振华	马继兴	王嘉麟	宋祚民	刘弼臣
王雪苔	刘志明	吴咸中	李今庸	任继学
裴学义	王宝恩	周霭祥	贺普仁	唐由之
赵冠英	许润三	金世元	陆广莘	刘柏龄
徐景藩	吉良晨	吴定寰	沈自尹	王孝涛
张灿玾	周仲瑛	强巴赤列	张代钊	李经纬
郭维淮	柴松岩	苏荣扎布	陈可冀	李济仁
夏桂成	郭子光	巴黑·玉素甫	张学文	陈介甫